읽기만 해도 **실력 쑥쑥** 재미 두 배 **코믹 만화**

알찬 사자성어

등장인물

우리(주인공)
요리를 좋아하고, 맛집 유튜브 채널 운영. 순하고 무엇이든 성실히 열심히 한다. 성격이 좋아서 주변 사람들과 잘 어울려 지내는 인싸다.

만세
주인공의 남동생으로 주인공보다 키가 커서 형님 같다. 축구 클럽에서 활동, 축구 영재로 불린다. 형제끼리 사이가 좋은 편이다.

윤아
뒷모습은 남자 같고, 앞모습도 약간은 우락부락하다. 외모 콤플렉스가 있다.

지호
운동 잘하고, 키도 크고 인기가 있다. 공부보다는 운동이 좋다. 우리와 유치원부터 친구 사이이다.

은하
수학 영재지만, 잘난 체하지 않고 순한 편이다.

읽기만 해도 **실력 쑥쑥** 재미 두 배 **코믹 만화**

알찬 사자성어

글 해맑은 그림 토리아트

차례

1	각양각색	8
2	감언이설	10
3	감탄고토	12
4	개과천선	14
5	견물생심	16
6	경거망동	18
7	고진감래	20
8	과유불급	22
9	교우이신	24
10	구사일생	26
11	군계일학	28
12	권선징악	30
13	금시초문	32
14	금의환향	34
15	기고만장	36
16	난공불락	38
17	노심초사	40
18	다다익선	42
19	다재다능	44
20	대기만성	46
21	대의명분	48
22	동고동락	50
23	동병상련	52
24	동상이몽	54
25	두문불출	56

26	마이동풍	60
27	막상막하	62
28	명실상부	64
29	문전성시	66
30	박장대소	68
31	박학다식	70
32	반신반의	72
33	백골난망	74
34	비일비재	76
35	사리사욕	78
36	사면초가	80
37	사생결단	82
38	사필귀정	84
39	산전수전	86
40	살신성인	88
41	삼고초려	90
42	선견지명	92
43	설상가상	94
44	속수무책	96
45	수수방관	98
46	시기상조	100
47	시종일관	102
48	심기일전	104
49	십시일반	106
50	십중팔구	108

51	아연실색	112
52	안하무인	114
53	애지중지	116
54	어부지리	118
55	어불성설	120
56	역지사지	122
57	오리무중	124
58	온고지신	126
59	외유내강	128
60	용두사미	130
61	우문현답	132
62	우왕좌왕	134
63	우유부단	136
64	우후죽순	138
65	유구무언	140
66	유비무환	142
67	유유상종	144
68	의기양양	146
69	이구동성	148
70	인과응보	150
71	인산인해	152
72	인지상정	154
73	일거양득	156
74	일취월장	158
75	일편단심	160
76	임기응변	162
77	임전무퇴	164
78	입신양명	166

79	자격지심	170
80	자승자박	172
81	자포자기	174
82	작심삼일	176
83	적반하장	178
84	전전긍긍	180
85	전화위복	182
86	조삼모사	184
87	주피지기	186
88	죽퇴양난	188
89	초고마비	190
90	초방지축	192
91	청천벽력	194
92	청출어람	196
93	칠전팔기	198
94	타산지석	200
95	파죽지세	202
96	풍전등화	204
97	학수고대	206
98	혈혈단신	208
99	호시탐탐	210
100	호연지기	212

ㄱ ㄴ ㄷ

1	각양각색	8
2	감언이설	10
3	감탄고토	12
4	개과천선	14
5	견물생심	16
6	경거망동	18
7	고진감래	20
8	과유불급	22
9	교우이신	24
10	구사일생	26
11	군계일학	28
12	권선징악	30
13	금시초문	32
14	금의환향	34
15	기고만장	36
16	난공불락	38
17	노심초사	40
18	다다익선	42
19	다재다능	44
20	대기만성	46
21	대의명분	48
22	동고동락	50
23	동병상련	52
24	동상이몽	54
25	두문불출	56

1 각양각색 各樣各色
각각 각   모양 양   각각 각   빛 색

'각기 다른 여러 모양의 빛깔'을 말해요. 사람이나 사물의 형태는 다양하고 색도 달라요. 지나가는 사람을 자세히 관찰하면 얼굴 모양, 피부색, 머리카락 색상, 키 모두 다양한 것을 볼 수 있어요. 비슷한 고사성어로 '백인백색'이 있답니다.

2 감언이설 甘言利說
달 감　말씀 언　이로울 이　말씀 설

'귀가 솔깃하도록 남의 비위를 맞추거나 이로운 조건을 내세워서 꾀는 것'을 이르는 말이에요. 감언이설에 넘어갔다는 표현은 달콤한 말로 사람을 솔깃하게 만들거나, 이익을 주겠다는 말로 다가와 자신의 이득을 취한다는 뜻이에요.

3 감탄고토 甘吞苦吐
달 감 삼킬 탄 쓸 고 토할 토

'달면 삼키고 쓰면 뱉는다'라는 뜻으로 사용되어요. 자기에게 이로우면 받아들이고, 필요 없으면 배신하는 행동을 말해요. 속담 '간에 붙었다 쓸개에 붙었다 한다'와 비슷한 뜻이랍니다.

4 개과천선 改過遷善
고칠 개 지날 과 옮길 천 착할 선

'지난날의 잘못이나 허물을 고치고 올바르고 착하게 된 것'을 의미해요. 놀부처럼 성격이 못된 사람이 자기 잘못을 고쳐 착하게 바뀌는 일이 일어나는 경우에 '개과천선'이라고 표현한답니다.

5 견물생심 見物生心
볼 견 만물 물 날 생 마음 심

예쁜 물건을 보면 갖고 싶은 마음이 생기지요? '견물생심'은 '어떠한 물건을 보면 그것을 갖고 싶은 욕심이 생기는 것'을 말해요. 욕심을 지나치게 부리는 것은 좋지 않다는 의미가 숨어 있어요.

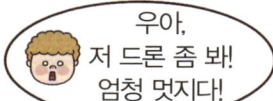

6 경거망동 輕擧妄動
가벼울 경 들 거 망령될 망 움직일 동

'가볍게 움직이고 망령되게 행동한다'라는 뜻으로 쓰이고 있어요. '조심성 없이 경솔하게 행동하는 것은 남에게 상처를 주거나, 중요한 일을 망칠 수 있으니, 깊이 생각하고 행동해야 함'을 이르는 말이에요.

7 고진감래 苦盡甘來
쓸 고　다할 진　달 감　올 래

'쓴 것이 가면, 단 것이 온다'는 말로 '고생 끝에 낙이 온다'라는 뜻으로 쓰여요. 살면서 크고 작은 어려움이 오지만, 어려움을 이겨 내면 즐거움이 찾아오는 것을 가리켜요. 어려움이 생겼다고 바로 포기한다면 노력 끝에 오는 기쁨을 맛볼 수 없어요.

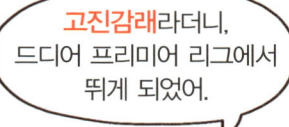

8 과유불급 過猶不及
지날 과 오히려 유 아닐 불 미칠 급

'지나친 것은 미치지 못한 것과 같다'라는 뜻이에요. 이 말은 지나치거나 모자라지 않고 한쪽으로 치우치지 않는 상태가 중요하다는 뜻이에요. 뭐든 적당히 해야 균형을 이룰 수 있답니다.

9 교우이신 交友以信
사귈 교　벗 우　써 이　믿을 신

친구를 사귈 때 무엇을 보고 사귀나요? 성격, 성적, 취미 등 다양한 것을 보고 나와 맞는 친구를 사귀어요. 하지만 가장 중요한 것은 서로에 대한 믿음이에요. '친구를 사귈 때 믿음으로 사귀어야 한다'라는 뜻으로 쓰이고 있어요.

10 구사일생 九死一生
아홉 구 죽을 사 하나 일 날 생

말 그대로 '아홉 번 죽을 뻔하다 살아났다'라는 뜻으로 쓰이고 있어요. 이 말은 정말 아홉 번을 의미하는 게 아니라, 여러 번의 위험한 상황을 넘기고 살아났다는 말이에요. 위험을 피해서 정말 다행이라는 마음이 담겨 있어요.

11 군계일학 群鷄一鶴
무리 군　닭 계　하나 일　학 학

'닭의 무리 중에서 한 마리의 학'이라는 뜻이에요. 평범한 사람 사이에 있는 뛰어난 사람은 돋보여 눈에 띄지요. 이런 상황을 가리키는 말이에요. '계군고학', '계군일학'도 같은 의미예요.

12 권선징악 勸善懲惡
<small>권할 권 착할 선 혼날 징 악할 악</small>

'선함을 권하고 악함을 벌한다'라는 뜻이에요. 옛날이야기에는 선한 사람은 복을 받고 악한 사람은 벌을 받는 내용이 많아요. 아마 모두가 착하게 살며 나쁜 짓을 하지 않길 바라는 마음을 이야기에 담은 것 같아요.

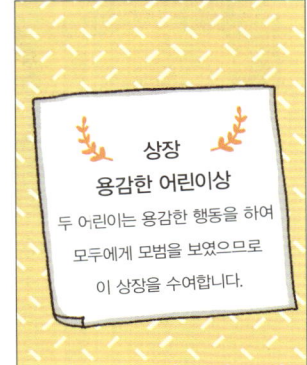

13 금시초문 今 時 初 聞
이제 금 때 시 처음 초 들을 문

'지금까지 들어 보지 못한 것을 이제야 처음 들었다'라는 뜻이에요. 전혀 들어 보지 못한 소문이나 말이라는 의미로 '그 소문은 금시초문이다'처럼 사용해요. 간혹 금초시문으로 잘못 사용하는 사람도 있어요.

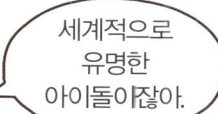

14 금의환향 錦衣還鄉
비단 금 옷 의 돌아올 환 시골 향

'금의환향'을 그대로 풀이하면 '비단옷을 입고 고향에 돌아온다'라는 뜻이에요. 비단옷은 옛날에 부자나 높은 관직에 오른 사람들이 입는 옷이었어요. 그래서 비단옷을 입고 고향에 돌아온다는 것은 성공해서 고향으로 돌아오는 것을 뜻해요.

프리미어 리그에서 활약한 손흥기 선수가 우리나라에 돌아왔습니다.

손흥기 선수를 환영하려고 공항에 많은 팬이 마중 나왔습니다.

우아, 굉장해.

그러게. 엄청 멋지다.

난 꼭 세계적인 선수가 되고 말 테야.

너도 열심히 연습해서 꼭 저렇게 되렴.

물론이지.

15 기고만장 氣高萬丈
기운 기　높을 고　일만 만　어른 장

'기세가 아주 높이 치솟았다'라는 뜻으로, 자기 능력이나 성과에 우쭐하여 으스대고 잘난 체하는 모습을 비유한 말이에요. 자신감이 넘치다 못해, 자신을 자랑스러워하고 뽐내며 어깨에 힘이 가득 든 모습을 비꼬아 쓰는 말이랍니다.

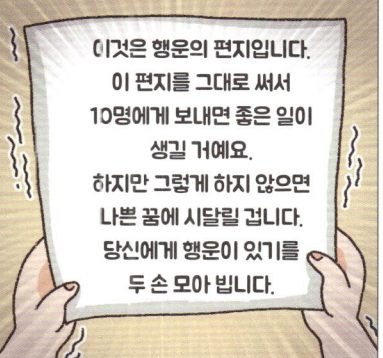

16 난공불락 難攻不落
어려울 난 칠 공 아닐 불 떨어질 락

'공격하기 어려워 쉽게 함락되지 아니함'이라는 뜻으로 어떤 일을 이루기가 아주 어려울 때 쓰는 말이에요. 아무리 노력해도 일이 풀리지 않을 때 쓰는 말로, 속담 '계란으로 바위 치기'와 비슷해요.

17 노심초사 勞心焦思
일할 노　마음 심　그을릴 초　생각 사

'몹시 마음을 쓰고 애를 태운다'라는 뜻으로, 어떤 일에 걱정이 많아서 불안해진 마음 상태를 말해요. 마음이 조마조마하고 불편하여 어찌할 바를 모를 때 쓰는 말이지요. 무엇을 할 때 너무 많은 생각은 도움이 안 될 수 있어요.

18 다다익선 多多益善
많을 다 많을 다 더할 익 착할 선

'많으면 많을수록 좋다'라는 뜻이에요. 중국의 장수 한신이 한나라 초대 황제인 유방에게 유방은 10만 정도의 병사를 지휘할 능력이 있지만, 자신은 병사가 많으면 많을수록 잘 지휘할 수 있다고 한 말에서 유래되었어요.

19 다재다능 多才多能
많을 다 재주 재 많을 다 능할 능

'재주가 많고 능력이 뛰어나다'라는 뜻으로, 여러 방면에 재능이 뛰어난 사람을 일컫는 말이에요. 비슷한 말로 '팔방미인', '다능다재'가 있어요. 모두 사람의 능력이 많음을 표현한 말이에요.

20 대기만성 大器晚成
큰 대 그릇 기 늦을 만 이룰 성

한자를 그대로 풀이하면 '큰 그릇을 만드는 데는 시간이 오래 걸린다'라는 뜻이에요. 크게 될 사람은 늦더라도 성공한다는 뜻으로 쓰여요. 또 큰 사람이 되기 위해 엄청난 노력과 시간이 필요함을 뜻해요.

21 대의명분 大義名分
큰 대　옳을 의　이름 명　나눌 분

'사람이 꼭 지켜야 할 도덕적 원칙이나 주장 또는 무슨 일을 하는 데 필요한 이유'를 말해요. 때로는 어떤 일을 일으키기 위한 핑계나 구실 같은 부정적인 뜻으로 사용하기도 해요.

22 동고동락 同苦同樂
같을 동 괴로울 고 같을 동 즐길 락

'괴로운 일도 즐거운 일도 함께한다'라는 뜻이에요. 어떤 상황에서도 함께하는 것을 가리키지요. 힘든 일은 나누면 반이 되고, 즐거움은 나누면 두 배가 돼요. 그러니까 나와 함께하는 가족, 친구들을 늘 소중히 여겨야 한답니다.

23 동병상련 同病相憐
같을 동 병 병 서로 상 불쌍히 여길 련

'같은 병을 앓고 있는 사람들은 비슷한 경험으로 서로 불쌍하게 여긴다'라는 뜻으로 쓰여요. 어려운 처지에 있는 사람끼리 서로 이해하고 돕게 된다는 의미지요. 비슷한 뜻의 속담으로 '다리 부러진 노루 한자리에 모인다'가 있어요.

24 동상이몽 同床異夢
같을 동 평상 상 다를 이 꿈 몽

'같은 잠자리에서 다른 꿈을 꾼다'라는 뜻으로 겉으로는 함께하는 것처럼 보이지만, 속으로는 서로 다르게 생각하고 있음을 비유적으로 이르는 말이에요. 비슷한 뜻의 사자성어로 '동상각몽'이 있어요.

25 두문불출 杜門不出
막을 두 문 문 아닐 불 날 출

'집에만 있고 바깥출입을 아니하다'라는 뜻이에요. 고려가 망하고 조선이 건국되면서 고려의 충신들이 두문동에 들어간 뒤 밖으로 나오지 않겠다고 말한 것에서 유래되었어요.

26	마이동풍	60
27	막상막하	62
28	명실상부	64
29	문전성시	66
30	박장대소	68
31	박학다식	70
32	반신반의	72
33	백골난망	74
34	비일비재	76
35	사리사욕	78
36	사면초가	80
37	사생결단	82
38	사필귀정	84
39	산전수전	86
40	살신성인	88
41	삼고초려	90
42	선견지명	92
43	설상가상	94
44	속수무책	96
45	수수방관	98
46	시기상조	100
47	시종일관	102
48	심기일전	104
49	십시일반	106
50	십중팔구	108

26 마이동풍 馬耳東風
말 마 귀 이 동녘 동 바람 풍

한자 그대로 풀이하면 '동쪽 바람이 말의 귀를 스쳐 간다'라는 뜻이에요. 말에게 동쪽에서 불어오는 바람 소리가 아무 의미 없는 것처럼 '남의 좋은 말을 무시하고 흘려버리는 것'을 이르는 말이에요. 비슷한 뜻의 속담으로 '쇠귀에 경 읽기'가 있어요.

27 막상막하 莫 上 莫 下
없을 막 위 상 없을 막 아래 하

'위도 없고, 아래도 없다'라는 뜻이에요. 실력이나 능력, 재주가 서로 비슷하여 누가 잘하고 못하는지 가릴 수 없는 경우에 쓰여요. 더 낫고 더 못함의 차이가 거의 없이 비슷하다는 뜻이에요.

28 명실상부 名實相符
이름 명 　열매 실 　서로 상 　부신 부

'이름과 실제 상태가 꼭 들어맞다'라는 뜻으로, 어떤 일을 하는 데 있어서 이름만큼 실력도 뛰어나다는 의미예요. 포장과 내용물, 상표와 품질, 이름과 실력 등이 서로 조화로울 때 긍정적인 의미로 이 사자성어를 씁니다.

저희 은하초등학교는 어느덧 개교 100년이 되었습니다.

사람의 나이로 치면 100살입니다.

우아! 100살이나 되었다고?

우리 할아버지보다 나이가 많네.

29 문전성시 門前成市
문 문   앞 전   이룰 성   시장 시

'문 앞에 시장이 선 것처럼 사람이 많다'라는 뜻이에요. 이 말은 힘이 있거나 부자에게 잘 보이기 위해 찾아오는 사람이 많음을 비꼬아서 쓴 말이었어요. 그러나 요즘은 장사가 잘되어 사람들이 많이 찾아올 때 주로 쓰여요.

30 박장대소 拍 掌 大 笑
손뼉칠 박 손바닥 장 큰 대 웃을 소

'손바닥을 치며 크게 웃는 것'을 의미하는 말로 시원하게 웃는 모습을 표현하고 있어요. 손뼉을 치며 크게 웃는 모습은 보는 사람도 기분 좋게 만든답니다. 비슷한 말로 '포복절도'가 있어요.

31 박학다식 博學多識
넓을 박 배울 학 많을 다 알 식

'널리 배워서 학문이 넓고 아는 게 많다'라는 뜻이에요. 공부와 독서로 아는 것이 많아지고, 오랜 기간 한 분야를 깊이 배우고 연구할 때 지식은 깊어지고 풍성해질 거예요. 이런 사람을 '박학다식한 사람'이라고 해요.

뭐 해?

레오나르도 다빈치 책을 보고 있어.

다빈치는 화가로 유명하지만, 건축, 수학, 과학을 모두 잘했대.

오, 은하야~. 정말 **박학다식**하다!

다빈치처럼 천재로 사는 기분은 어떨까?

글쎄, 얼핏 알 거 같기도 하고…….

32 반신반의 半信半疑
반 반　믿을 신　반 반　의심할 의

'얼마쯤 믿으면서 한편으로는 의심한다'라는 뜻이에요. 상대방의 말을 믿을 수도 없고, 그렇다고 안 믿을 수도 없을 때 쓰는 말이에요. 확신할 수 없을 때 쓰는 표현으로, '긴가민가하다'와 비슷한 뜻이에요.

33 백골난망 白骨難忘
흰 백　뼈 골　어려울 난　잊을 망

'백골'은 죽어서 몸이 썩고 남은 흰 뼈를 말해요. '백골난망'을 한자 그대로 풀이하면 '죽어서 백골이 되어도 잊을 수 없다'라는 말이에요. 다른 사람이 베풀어 준 은혜를 잊지 않겠다고 다짐할 때 쓰는 표현이랍니다.

우리 아들이 과거에 급제하다니 정말 자랑스럽구나!

그래, 정말 기특하구나!

저를 길러 주시고, 가르쳐 주신 부모님의 은혜 **백골난망**이옵니다.

죄인을 잡아 오라는 명령이오.

아이고.

34 비일비재 非一非再
아닐 비 하나 일 아닐 비 다시 재

'같은 현상이나 일이 한두 번이나 한둘이 아니고 많다'라는 뜻이에요. 횟수가 많음을 표현하는 말로 '수두룩하다'와 비슷한 뜻으로 쓰여요. 사자성어 '부지기수'와도 뜻이 비슷한데 '부지기수'는 헤아릴 수 없을 만큼 많음을 뜻한답니다.

35 사리사욕 私利私慾
사사로울 사 이로울 리 사사로울 사 욕심 욕

'사리사욕'은 '사사로운 이득과 욕심'을 뜻해요. 흔히 사리사욕을 채운다고 하면 개인의 이익과 욕심을 채우는 이기적인 행동을 의미해요. 특히 공적인 자리나 높은 자리에 있는 사람이 그 지위를 이용하여 자신의 욕심을 채울 때 주로 사용한답니다.

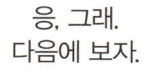

36 사면초가 四面楚歌
넉 사 낯 면 초나라 초 노래 가

'네 방향에서 초나라의 노랫소리가 들린다'라는 뜻으로 사방이 적에게 둘러싸인 상태를 말해요. 누구의 도움도 받을 수 없는 힘들고 어려운 상황을 의미하지요. 비슷한 뜻의 사자성어로 '진퇴양난'과 '고립무원'이 있어요.

37 사생결단 死生決斷
죽을 사 날 생 결단할 결 끊을 단

'죽고 사는 것을 돌보지 않고 끝장을 내다'라는 뜻이에요. '위기의 순간 목숨을 걸고 온 힘을 다한다'라는 의미로, 어려운 결정을 내리거나 어떤 일을 힘껏 해야 할 때 이 말을 사용해요. '죽기 살기로 덤비다'와 뜻이 비슷하답니다.

우리야, 막내 고모 결혼식에서 네가 피아노 반주해 줄래?

제가요? 언젠데요?

5월 28일이야.

일주일밖에 안 남았는데 가, 가능할까요?

네 연주에 맞춰 입장하는 고모의 모습을 생각해 보렴.

매일매일 연습하면 돼.

38 사필귀정 事必歸正
일 사　반드시 필　돌아올 귀　바를 정

'처음에는 삐뚤어져 그릇된 방향으로 가더라도 결국에는 반드시 바른길로 돌아간다' 라는 뜻이에요. 지금은 올바르지 않은 일이 세력을 얻을지 모르지만, 결국 바른 것이 이기게 될 거예요.

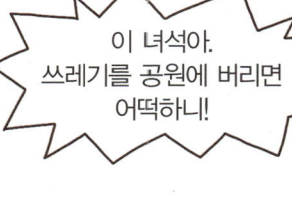

39 산전수전 山戰水戰
메 산　싸움 전　물 수　싸움 전

'산에서도 싸우고 물에서도 싸웠다'라는 의미예요. 이 말은 '세상의 온갖 어려움과 고생을 겪었다'라는 의미로 쓰이고 있어요. 온갖 힘든 일을 겪으면 그만큼 경험이 쌓여요. 우리말의 '쓴맛 단맛 다 보았다'와 비슷한 뜻이에요.

40 살신성인 殺身成仁
죽일 살 몸 신 이룰 성 어질 인

'어질고 큰 뜻을 위하여 자기 몸을 희생한다'라는 뜻이에요. 옳은 뜻을 이루기 위해 또는 다른 사람을 위해 자신을 희생하는 일은 쉽지 않아요. '살신성인'은 자신을 희생하는 숭고한 행동을 이르는 말이랍니다.

저곳이 바로 전쟁 기념관이란다.

우와, 생각보다 커요.

이건 **살신성인**의 정신으로 나라를 지킨 분들을 기리는 기념비란다.

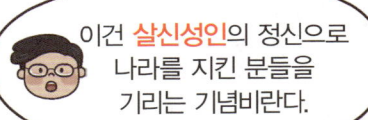

그런데 전쟁을 왜 기념해요?

많은 분이 목숨을 희생하면서 나라를 지켰구나!

전쟁이 얼마나 무서운지 잊지 않기 위해서지.

정말 존경스럽다!

41 삼고초려 三顧草廬
석 삼 　 돌아볼 고 　 풀 초 　 농막 려

'오두막집을 세 번 돌아보다'라는 뜻이에요. 중국 삼국 시대에 유비라는 사람이 뛰어난 인재인 제갈량을 세 번이나 찾아간 데에서 유래되었어요. '인재를 맞아들이기 위해 참을성 있게 노력하는 것'을 뜻해요.

42 선견지명 先 見 之 明
먼저 선 볼 견 갈 지 밝을 명

'앞을 내다보는 안목'이라는 뜻으로 '어떤 일이 일어나기 전에 미리 앞을 내다보고 아는 지혜'를 말해요. 앞을 내다보고 미래에 대처하는 슬기로움은 지식만으로 얻기 힘들어요. 상황을 바르게 판단하고 대처할 방법을 생각해 내는 지혜가 필요하답니다.

43 설상가상 雪上加霜
눈 설   위 상   더할 가   서리 상

'눈 위에 서리가 덮인다'라는 뜻이에요. 눈이 많이 내렸는데, 또 서리가 내린다면 어떻게 될까요? 눈으로 입은 피해에 더 큰 어려움을 겪게 될 거예요. 그래서 '설상가상'은 안 좋은 일이 계속해서 일어난다는 뜻으로 쓰여요.

44 속수무책 束手無策
묶을 속　손 수　없을 무　꾀 책

'손을 묶은 것처럼 어찌할 도리 없어 꼼짝 못 함'을 의미해요. 만약에 손이 묶여 있다면 어떨까요? 무슨 일이 벌어져도 손쓸 방법이 없어서 답답할 거예요. 눈으로 보면서도 아무것도 할 수 없어서 발만 동동 구르는 상황을 '속수무책'이라고 해요.

45 수수방관 袖手傍觀
<small>소매 수　손 수　곁 방　볼 관</small>

'팔짱을 끼고 곁에서 보다'라는 뜻으로, 일이 일어났으나 해결하려 하지 않고 그저 바라보기만 할 때 쓰는 말이에요. 자기와 관계없는 일이라고 다른 사람 일에 관심 없는 태도를 보일 때 쓴답니다.

46 시기상조 時機尙早
때 시 · 틀 기 · 오히려 상 · 일찍 조

'오히려 때가 이르다'라는 뜻으로 '무엇인가를 시작하기에 적당한 때가 아니다', '기회가 아직 오지 않았다'라는 의미로 쓰여요. 좋은 결과를 얻기 위해서는 조금 더 기다릴 필요가 있다는 뜻으로도 쓰여요.

47 시종일관 始 終 一 貫
비로소 시　마칠 종　하나 일　꿸 관

'처음부터 끝까지 하나로 꿰뚫다'라는 뜻으로, 처음부터 끝까지 한결같음을 의미해요. 어떤 일에 임하는 자세와 마음가짐, 의지가 변함이 없어야 함을 강조하는 말이에요. 뜻이 비슷한 사자성어로 '시종여일'이 있답니다.

만세야, 지금까지 연습했어?

네.

요즘 부쩍 열심히 하네.

그런데 실력이 늘지 않는 것 같아서 걱정이에요.

요즘 재원이란 친구가 무척 잘하거든요.

48 심기일전 心 機 一 轉
마음 심 틀 기 하나 일 구를 전

한자를 그대로 풀이하면 '마음의 틀이 한 번 바뀐다'라는 뜻이에요. '어떤 일을 계기로 지금까지 가졌던 마음가짐을 버리고 완전히 달라지는 것'을 의미하지요. 어려운 일을 겪은 뒤에도 포기하지 않고 도전하는 희망적인 자세예요.

49 십시일반 十匙一飯
열 십 숟가락 시 하나 일 밥 반

'밥 열 숟가락이 한 그릇을 만든다'라는 뜻이에요. '여러 사람이 힘을 합하면 한 사람을 충분히 돕는다'라는 의미로 쓰여요. 갑작스러운 재난이나 어려움에 빠진 사람을 도울 때 사용하곤 해요.

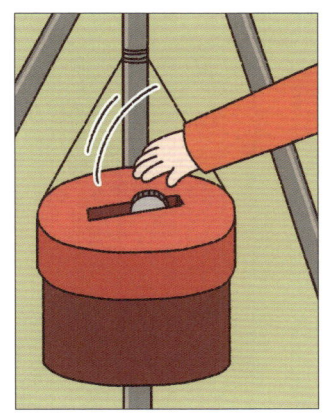

50 십중팔구 十 中 八 九
열 십 가운데 중 여덟 팔 아홉 구

'열 사람 가운데 여덟이나 아홉 정도'를 뜻하는 말로, 대부분이거나 거의 틀림없음을 의미해요. 매우 확률이 높을 때도 '십중팔구'라는 말을 사용해요. '대개', '대부분', '거의'와 뜻이 비슷해요.

 중앙 현관에 소녀 그림 걸린 거 알지? 그 앞을 지나가면 소녀가 쳐다본다.

비 오는 날, 중앙 현관을 지나는데, 누군가 쳐다보는 것 같았어.

 무슨 소리야?

51	아연실색	112
52	안하무인	114
53	애지중지	116
54	어부지리	118
55	어불성설	120
56	역지사지	122
57	오리무중	124
58	온고지신	126
59	외유내강	128
60	용두사미	130
61	우문현답	132
62	우왕좌왕	134
63	우유부단	136
64	우후죽순	138
65	유구무언	140
66	유비무환	142
67	유유상종	144
68	의기양양	146
69	이구동성	148
70	인과응보	150
71	인산인해	152
72	인지상정	154
73	일거양득	156
74	일취월장	158
75	일편단심	160
76	임기응변	162
77	임전무퇴	164
78	입신양명	166

51 아연실색 啞然失色
벙어리 아 그럴 연 잃을 실 빛 색

'뜻밖의 일에 말을 잃고, 얼굴빛이 변한다'라는 뜻으로 매우 놀란 모습을 나타내는 사자성어예요. 너무 놀라면 얼굴이 하얗게 변하고 말문이 막히기도 해요. 반대로 어떤 상황에서도 태연한 것을 '태연자약'이라고 한답니다.

52 안하무인 眼下無人
눈 안 아래 하 없을 무 사람 인

'눈 아래에 사람이 없다'라는 뜻으로, 교만해서 다른 사람을 무시하는 사람 또는 그런 행동을 일컫는 말이에요. 자신의 재주가 뛰어나도 남을 업신여기거나 무시하는 행동은 절대로 해서는 안 된답니다. 비슷한 뜻의 사자성어로 '기고만장'이 있어요.

53 애지중지 愛之重之
사랑 애 갈 지 무거울 중 갈 지

'매우 사랑하고 소중히 여기는 모양'을 뜻해요. 아끼고 소중히 여기는 대상은 사람이 될 수도 있고 사물이 될 수도 있어요. 사람일 때는 보통 부모가 자식을 소중히 돌보는 것을 말하고, 사물일 때는 아끼는 물건을 소중히 여기는 것을 말하지요.

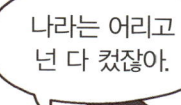

54 어부지리 漁夫之利
고기 잡을 어　남편 부　갈 지　이로울 리

'둘이 싸우는 바람에 엉뚱한 사람이 이익을 가로채는 것'을 이르는 말이에요. 도요새가 조갯살을 먹으려고 부리를 조개 안에 넣자 조개가 입을 다물었고, 마침 지나가던 어부가 도요새와 조개를 모두 잡았다는 이야기에서 유래되었어요.

55 어불성설 語不成說
말씀 어 아닐 불 이룰 성 말씀 설

'말이 조금도 이치에 맞지 않음'을 뜻해요. 말의 앞뒤가 맞지 않고 논리적이지 않을 때 쓰는 표현이지요. 잘못된 주장을 내세워 말도 안 되는 억지를 부릴 때 '어불성설'이라는 말을 사용합니다.

56 역지사지 易地思之
바꿀 역 / 땅 지 / 생각 사 / 갈 지

'상대방과 처지를 바꾸어서 생각해 보는 것'을 말해요. 내 주장만 내세우지 말고 상대방의 처지를 생각하고 헤아린다면 다툼이나 갈등이 많이 줄어들 거예요. '역지사지'와 반대되는 말은 '아전인수'라고 해요.

57 오리무중 五里霧中
다섯 오　마을 리　안개 무　가운데 중

'오 리나 되는 짙은 안개 속에 있다'라는 뜻으로 '어디로 가야 할지 방향과 갈피를 잡을 수 없는 상태'를 말해요. 무슨 일을 해결하려고 하는데 쉽게 판단할 수 없고, 갈피를 잡지 못할 때 이 말을 사용해요.

58 온고지신 溫故知新
익힐 온　옛 고　알 지　새로울 신

'옛것을 익히고 그것을 바탕으로 새것을 안다'라는 뜻으로, '과거로부터 미래를 준비하는 깨달음을 얻는다'라는 말이에요. 역사와 전통을 바탕에 두고 지식을 익혀야 진정한 깨달음을 얻을 수 있답니다.

59 외유내강 外柔內剛
바깥 외 부드러울 유 안 내 굳셀 강

'겉으로는 부드러워 보이지만 속은 강하고 굳세다'라는 뜻이에요. 겉모습은 순하고 여려 보이지만, 속마음은 단단하고 강한 사람을 봤을 거예요. 이와 반대로 겉모습은 강하지만, 속마음이 여린 사람을 '외강내유'라고 한답니다.

60 용두사미 龍頭蛇尾
용 용 머리 두 뱀 사 꼬리 미

'용의 머리와 뱀의 꼬리'라는 뜻으로, 처음에는 좋았지만 뒤로 갈수록 나빠지는 것을 의미해요. 가령 소설이나 영화가 처음에는 재미있었지만, 결말에 다가갈수록 재미없고 시시해질 때 사용해요.

61 우문현답 愚 問 賢 答
어리석을 우 물을 문 어질 현 대답할 답

'어리석은 질문에 현명하게 대답하는 것'을 말해요. 바보 같거나 수준 낮은 질문에 문제의 원인을 꼬집어 대답하는 경우를 일컫지요. 누가 나를 괴롭히려고 짓궂은 질문을 던진다면 말려들지 말고 지혜롭게 대답해 보세요.

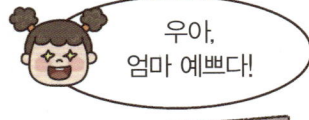

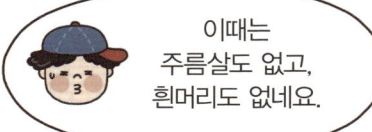

62 우왕좌왕 右 往 左 往
오른쪽 우 갈 왕 왼쪽 좌 갈 왕

한자를 그대로 풀이하면 '왼쪽으로 갔다 오른쪽으로 간다'라는 뜻으로, '이리저리 왔다 갔다 하며 일이나 나아가는 방향을 결정하지 못하고 허둥댄다'라는 의미예요. '갈팡질팡'과 뜻이 비슷해요.

큰일이다. 옷이 다 작아.

만세야, 학교 지각하겠어. 빨리 해.

네, 엄마.

옷이 없으니, 아빠 옷이라도 빌려 입자.

쟤가 학교는 안 가고 뭐 하는 거지?

만세야, **우왕좌왕**하기만 하고 뭐 하니?

옷이 다 작아서 찾고 있어요.

63 우유부단 優柔不斷
넉넉할 우 부드러울 유 아닐 부 끊을 단

'너무 부드러워 끊지를 못한다'라는 뜻으로, '갈팡질팡 망설이며 결정을 내리지 못하는 것'을 말해요. 무슨 일을 결정하지 못하고 시간만 질질 끌거나, 제대로 거절하지 못하는 사람을 우유부단하다고 말한답니다.

64 우후죽순 雨後竹筍
비 우　뒤 후　대 죽　죽순 순

'비 온 뒤에 솟아나는 죽순'이라는 뜻으로, 어떤 일들이 한꺼번에 일어나는 것을 의미해요. 갑자기 무언가가 많아지거나 어떤 일이 한때에 여기저기 유행할 때 쓰여요. 부정적인 의미로 주로 사용해요.

65 유구무언 有口無言
있을 유 입 구 없을 무 말씀 언

'입은 있어도 말은 없다'라는 뜻이에요. 이 사자성어는 잘못이 확실해서 변명조차 할 수 없을 때 쓰여요. 속담 '입이 열 개라도 할 말이 없다'와 뜻이 비슷하지요. 이와 반대로 온갖 구차한 변명을 늘어놓는 것을 '극구발명'이라고 한답니다.

66 유비무환 有備無患
있을 유 갖출 비 없을 무 근심 환

'준비가 되어 있으면 걱정할 것이 없다'라는 뜻이에요. '유비무환'은 우리 생활에 꼭 필요해요. 가령 제방을 미리 쌓아 두면 큰비가 내리거나 태풍이 와도 걱정이 없고, 공부할 내용을 예습하면 수업을 더 잘 이해할 수 있으니까요.

67 유유상종 類類相從
무리 유 무리 유 서로 상 좇을 종

'같은 무리끼리 서로 따르며 좇는다'라는 뜻으로, '비슷한 무리끼리 친해진다'라는 의미예요. 성격이 비슷하거나 비슷한 부류의 사람끼리 사귀거나 왕래한다는 말로, '초록은 동색'과 뜻이 비슷해요.

68 의기양양 意氣揚揚
뜻 의 기운 기 오를 양 오를 양

어려운 일을 해내면 마음이 뿌듯하지요? 자신감 넘치고 으쓱한 마음이 얼굴에 나타날 거예요. 이럴 때 '의기양양'이라는 표현을 써요. '뜻한 바를 이루어 만족한 마음이 얼굴에 나타나는 것'을 말해요.

69 이구동성 異口同聲
다를 이　입 구　같을 동　소리 성

'입은 다르나 목소리는 같다'라는 뜻으로 '여러 사람의 생각이 모두 같다'라는 의미예요. 여러 사람이 모두 비슷한 의견을 낼 때, 여러 사람이 같은 생각에 찬성할 때 쓰는 말이지요. 뜻이 비슷한 사자성어로 '이구동음'이 있어요.

70 인과응보 因果應報
인할 인 열매 과 응할 응 갚을 보

'원인과 결과에는 반드시 합당한 이유가 있음'을 나타내요. 불교에서 나온 말로 선한 일을 하면 좋은 결과가 따라오고, 악한 일을 하면 나쁜 결과가 뒤따른다는 의미예요. 모든 일은 행한 대로 그것에 대한 대가를 받는다는 말이지요.

71 인산인해 人山人海
사람 인 메 산 사람 인 바다 해

'사람이 산을 이루고 바다를 이룬다'라는 말이에요. 사람이 산과 바다를 이룰 만큼 많이 모여 있다는 뜻이지요. 사람이 많이 모인 상태를 의미하는 '인파'라는 한자어와 뜻이 비슷해요.

72 인지상정 人 之 常 情
사람 인 갈 지 항상 상 뜻 정

'사람이라면 갖게 되는 보통의 마음이나 감정'을 의미해요. 사람들은 어려운 이웃을 보면 돕고 싶고, 기쁜 일이 생기면 즐거워하고, 슬픈 일에는 마음 아파해요. 이런 보통의 감정을 '인지상정'이라고 한답니다.

73 일거양득 一擧兩得
하나 일　들 거　두 양　얻을 득

'한 가지 일을 하여 두 가지 이익을 얻는다'라는 뜻이에요. 누구나 한 번쯤 한 번 시도해서 두 가지 이득을 본 경우가 있을 거예요. 속담 '도랑 치고 가재 잡는다', '꿩 먹고 알 먹는다', '마당 쓸고 동전 줍는다' 등이 비슷한 뜻으로 쓰여요.

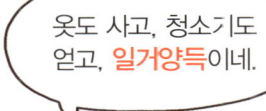

74 일취월장 日 就 月 將
날 일 나아갈 취 달 월 장수 장

'나날이 자라거나 발전한다'라는 뜻으로 사용되어요. 공부를 할 때, 처음에는 부진했던 학업 성적이 공부를 하면 할수록 날마다 실력이 향상되어서 오르는 것을 볼 수 있는데, 이럴 때 사용하는 말이에요.

75 일편단심 一片丹心
하나 일　조각 편　붉을 단　마음 심

사람의 마음은 변하기 쉽다고 해요. 하지만 변하지 않는 굳은 마음을 표현한 말이 있어요. 바로 '일편단심'이에요. '한 조각의 붉은 마음'이라는 뜻으로, '변하지 않는 충성스러운 마음' 또는 '한결같은 마음'을 뜻해요.

아, 사랑하는 그대여.

그대를 향한 **일편단심** 변한 적이 없어라.

잠깐의 헤어짐을 아쉬워하며 눈물만 흘리네.

윤아야, 거기서 뭐 해?

작별 인사 중이야.

누구한테? 아무도 없는데······.

마카롱에 했어.

76 임기응변 臨機應變
임할 임 · 틀 기 · 응할 응 · 변할 변

'그때의 처한 사태에 맞추어 즉각 처리하거나 결정함'을 뜻해요. 대부분 사람은 생각하지 못한 상황을 만나면 당황하기 마련이에요. 그런데 임기응변이 뛰어난 사람은 대처하는 능력이 뛰어나서 위기를 잘 넘긴답니다.

77 임전무퇴 臨戰無退
임할 임 싸움 전 없을 무 물러날 퇴

'임전무퇴'는 신라 시대 화랑이 지켜야 할 다섯 가지 규칙인 세속 오계 중 하나예요. '전쟁에 나가서 물러서지 않음'을 뜻하지요. 어려운 상황에서도 뒤로 물러서지 않는 굳은 의지를 표현하는 말이랍니다.

78 입신양명 立身揚名
설 입 몸 신 오를 양 이름 명

'출세하여 이름을 세상에 널리 알린다'라는 뜻이에요. 즉, 높은 자리에 올라 출세하는 것을 의미하지요. 특히 옛날에는 '입신양명'이라 하면 출세하여 부모에게 효도하는 것을 뜻했어요. 지금은 사회적으로 인정받고 유명해지는 것을 말해요.

우리야, 이것 보렴. 나라가 쓴 글씨야. 잘 썼지?

막내는 글을 빨리 읽고 빨리 쓰는구나! 아유, 똑똑해요.

헤헤헤.

오빠, 내 글씨 어때?

잘 썼네요.

반응이 약하네. 동생 칭찬 좀 해 주지.

ㅈ ~ ㅎ

79 자격지심 170
80 자승자박 172
81 자포자기 174
82 작심삼일 176
83 적반하장 178
84 전전긍긍 180
85 전화위복 182
86 조삼모사 184
87 지피지기 186
88 진퇴양난 188
89 천고마비 190
90 천방지축 192
91 청천벽력 194
92 청출어람 196
93 칠전팔기 198
94 타산지석 200
95 파죽지세 202
96 풍전등화 204
97 학수고대 206
98 혈혈단신 208
99 호시탐탐 210
100 호연지기 212

79 자격지심 自激之心
스스로 자 격할 격 갈 지 마음 심

'자기가 한 일에 대하여 스스로 보잘것없게 여기는 마음'을 말해요. 내가 한 일을 스스로 형편없다고 여기면서 마음을 닦달하면 자신감이 떨어지고, 성격도 소극적으로 변해요. 그러니 지나친 '자격지심'은 좋지 않답니다.

80 자승자박 自繩自縛
스스로 자 노끈 승 스스로 자 묶을 박

'자기가 꼰 줄로 자기 몸을 묶는다'라는 뜻이에요. 자기가 한 말과 행동에 자기 자신이 묶여서 곤란하게 되는 상황이지요. '자승자박'의 결과를 얻지 않으려면 평소에 말과 행동을 조심해야 한답니다.

81 자포자기 自 暴 自 棄
스스로 자 사나울 포 스스로 자 버릴 기

'절망에 빠져서 자신을 스스로 포기하고 어떤 것도 시도하지 않는 것'을 말해요. 이렇게 자신을 포기하는 것은 자기 자신을 괴롭히는 학대만큼이나 나쁜 행동이에요. 절대로 해서는 안 돼요.

82 작심삼일 作心三日
지을 작 마음 심 석 삼 날 일

무슨 일을 하려고 '단단히 마음먹은 게 사흘을 가지 못한다'라는 뜻이에요. 결심을 하고 끝까지 밀고 나가지 못하는 것을 이르는 말이지요. 이와 반대로 처음 마음먹은 것을 끝까지 밀고 나가는 것을 '초지일관'이라고 해요.

83 적반하장 賊反荷杖
도둑 적 도리어 반 꾸짖을 하 지팡이 장

'도둑이 도리어 매를 든다'라는 말이에요. 도둑이 물건을 훔치려고 남의 집에 들어갔다가 주인에게 들키자 몽둥이를 들고 주인에게 덤벼드는 상황을 뜻해요. 잘못한 사람이 아무 잘못도 없는 사람을 나무랄 때 쓰지요.

84 전전긍긍 戰戰兢兢
싸움 전 싸움 전 떨릴 긍 떨릴 긍

'몹시 두려워 벌벌 떨며 조심하는 상황'을 말해요. 옛날에는 얇은 얼음판을 밟고 지나가는 것 같이 조심하라는 뜻으로 사용되었어요. 지금은 잘못을 저지른 사람이 자신의 잘못이 알려질까 봐 두려워한다는 의미로 주로 쓰여요.

85 전화위복 轉禍爲福
구를 전 재앙 화 될 위 복 복

'화가 바뀌어 오히려 복이 된다'라는 뜻으로, 안 좋은 일이 생기더라도 끊임없이 노력하면 언젠가 좋은 결과를 얻을 수 있다는 의미예요. 근심과 걱정이 있더라도 좌절하지 말고 희망을 품고 노력하라는 뜻으로 쓰여요.

86 조삼모사 朝三暮四
아침 조 석 삼 저물 모 넉 사

중국 송나라 때 고사예요. 원숭이들에게 도토리를 아침에 3개, 저녁에 4개 주겠다고 하자 화를 내더니 아침에 4개, 저녁에 3개 주겠다고 하니 좋아했다는 데서 유래했어요. 결과가 같음을 모르는 어리석음이나 잔꾀로 남을 속이는 것을 말해요.

87 지피지기 知彼知己
알 지 저 피 알 지 몸 기

'적의 사정을 알고 나의 사정을 자세히 안다'라는 뜻으로, '적을 알고 나를 알아야 싸움에서 승리한다'라는 의미예요. 나의 약점과 강점을 잘 알면 상대방과 싸워서 이길 수 있답니다.

88 진퇴양난 進退兩難
나아갈 진 물러날 퇴 두 양 어려울 난

'앞으로 나갈 수도 없고 뒤로 물러날 수도 없는 처지'를 말해요. 이러지도 저러지도 못하는 어려운 상황을 겪는다면 어떻게 할까요? 참으로 마음이 복잡하고 난처할 거예요. 비슷한 사자성어로 '진퇴유곡'이 있어요.

89 천고마비 天 高 馬 肥
하늘 천 높을 고 말 마 살찔 비

'하늘은 맑고 높으며, 말은 살찐다'라는 뜻으로, 가을은 날씨가 좋고 온갖 곡식이 익는 계절이라는 의미예요. 가을과 연관 있는 사자성어로는 늦가을의 아름다운 경치를 뜻하는 '만추가경', 서늘한 가을밤은 글 읽기에 좋다는 '등화가친' 등이 있어요.

벌써 가을이구나!

그러게. 나뭇잎이 알록달록해졌어.

난 가을이 되면 늘 배가 고파! 먹어도 또 먹고 싶어. 넌 어때?

나도 그래. 날씨가 서늘해서 그런가?

하하하! **천고마비**의 계절이 되었기 때문이지.

천고마비?

하늘은 높고 말은 살찌는 가을을 말하는 거야.

90 천방지축 天方地軸
하늘 천　모 방　땅 지　굴대 축

'하늘의 방향이 어디이고 땅의 축이 어디인지 모른다'라는 뜻이에요. '너무 급해서 허둥대는 모습'이나 '앞뒤 가리지 않고 이리저리 함부로 날뛰는 모습'을 뜻하지요. 비슷한 뜻의 사자성어로 '천방지방'이 있어요.

91 청천벽력 青 天 霹 靂
푸를 청 하늘 천 벼락 벽 벼락 력

'맑게 갠 하늘에서 치는 벼락'이라는 뜻으로, '갑자기 일어난 사건이나 사고'를 의미해요. 맑은 하늘에 벼락 치는 것처럼 갑자기 큰 사고가 벌어지면 매우 충격적일 거예요. 속담 '마른하늘에 날벼락'과 비슷한 뜻이에요.

92 청출어람 靑出於藍
<small>푸를 청　날 출　어조사 어　쪽 람</small>

옛날에는 물감이 없어서 쪽이라는 식물에서 푸른빛을 뽑아서 사용했어요. '청출어람'은 '푸른빛이 쪽빛보다 더 푸르다'라는 뜻으로, 스승보다 제자가 더 뛰어나다는 의미로 쓰여요.

93 칠전팔기 七顚八起
일곱 칠 넘어질 전 여덟 팔 일어날 기

한자를 그대로 풀이하면 '일곱 번 넘어져도 여덟 번 일어난다'라는 뜻이에요. 여러 번 실패해도 포기하지 않는 꾸준한 노력과 강한 정신력을 이르는 말이에요. 포기하지 않고 노력하면 언젠가 성공한다는 희망적인 뜻이 담겨 있어요.

94 타산지석 他山之石
다를 타 메 산 갈 지 돌 석

'다른 산에 있는 돌이 나의 옥을 가는 데 도움이 된다'라는 뜻으로, '다른 사람이 한 말이나 작은 실수가 나의 인격을 수양하고 다듬는 데에 도움이 된다'라는 의미예요. 남의 성공뿐만 아니라 실패에서도 교훈을 얻어야 해요.

- 잡아 볼 테면 잡아 보-.
- 거기 서. 가만두지 않겠어.
- 으하하하~.
- 으악!
- 흑, 너무 아파.
- 헉! 지호야, 괜찮아?
- 보건실에 가자.
- 쯧쯧쯧. 지호도 다쳤다!

95 파죽지세 破竹之勢
깨뜨릴 파 대 죽 갈 지 기세 세

'대나무를 쪼개는 거침없는 기세'라는 뜻으로, '적을 향해 막힘없이 물리치고 쳐들어가는 기세'를 말해요. 감히 맞설 상대가 없을 정도로 실력이 뛰어나거나, 우수한 실력으로 상대를 무섭게 몰아붙일 때 사용해요.

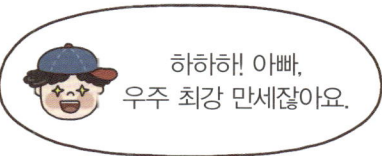

96 풍전등화 風前燈火
바람 풍　앞 전　등잔 등　불 화

'바람 앞의 등불'이라는 뜻이에요. 바람이 불면 등불이 꺼지듯 '사물이 매우 위태로운 처지에 놓여 있는 것'을 말해요. 매우 급박하고 위험한 상황일 때 사용하는 말이에요. 비슷한 말로 '바람 앞의 촛불'이라는 뜻의 '풍전등촉'이 있어요.

97 학수고대 鶴首苦待
학 학　머리 수　힘쓸 고　기다릴 대

학은 목이 길쭉한 새예요. 그래서 얼핏 보면 목을 길게 뻗으며 무언가를 기다리는 것처럼 보여요. 그래서 옛사람들은 무언가를 간절히 기다릴 때 '학수고대'라는 말을 썼어요. '학처럼 목을 빼고 간절히 기다린다'라는 뜻이지요.

98 혈혈단신 孑孑單身
외로울 혈 외로울 혈 홀 단 몸 신

'의지할 곳이라고는 자신뿐인 외롭고 고독한 사람'을 말해요. 고통을 나눌 가족이나 친척 없이 홀로인 사람을 가리키지요. '홀로 외롭고 힘들다'라는 의미가 담겨 있어요. 비슷한 뜻의 사자성어로 '사고무친'이 있어요.

99 호시탐탐 虎視眈眈
범 호 볼 시 노려볼 탐 노려볼 탐

'호랑이가 눈을 부릅뜨고 먹이를 노려본다'라는 뜻으로, '남의 것을 빼앗기 위해 공격이나 침략의 기회를 노리는 것'을 말해요. 어떤 일을 계속 지켜보면서 유리한 기회를 얻으려 하는 모습도 '호시탐탐'이라고 해요.

100 호연지기 浩然之氣
넓을 호　그럴 연　갈 지　기운 기

'온 세상에 가득한 큰 기운' 또는 '흔들리지 않는 바른 마음'을 말해요. 맹자는 '호연지기'를 기르기 위해서는 '양심에 어긋난 행동을 하지 말고, 의로운 일을 해야 한다'라고 했어요. 부끄러움 없는 용기와 자유로운 마음을 나타내는 말이에요.

문제를 읽고 알맞은 사자성어를 써 보아요.

1. 사람이나 사물의 형태가 다양하고 색이 다른 것을 뜻해요.

2. 지난날의 잘못이나 허물을 고치고 착하게 된 것을 의미해요.

3. 지나치거나 모자라지 않고 한쪽으로 치우치지 않는 상태가 중요하다는 의미예요.

4. 자기 능력이나 성과에 우쭐하여 잘난 체하는 모습을 비유한 말이에요.

5. 밖에 나가지 않고 사람들도 만나지 않으며 집에서만 생활하는 것을 의미해요.

6. 어떤 장소에 사람이 북적이거나 장사가 잘되어 사람들이 많이 찾아올 때를 말해요.

7. 공부와 독서를 많이 하고 지식이 풍성한 사람을 일컫는 말이에요.

8. 사방이 적에게 둘러싸인 상태를 말하는 것으로 힘들고 어려운 상황을 의미해요.

9. 옳은 일을 위해 목숨을 희생한다는 의미로 자신을 희생해 의를 실천하는 행동을 말해요.

정답 1. 각양각색 2. 개과천선 3. 과유불급 4. 기고만장 5. 두문불출 6. 문전성시 7. 박학다식 8. 사면초가
9. 살신성인 10. 삼고초려 11. 십시일반 12. 어부지리 13. 외유내강 14. 일취월장 15. 자승자박 16. 조삼모사
17. 청천벽력 18. 파죽지세

🔟 인재를 맞아들이기 위해서는 참을성 있게 노력하는 것을 뜻해요.

⑪ 여러 사람이 힘을 합하면 작은 힘으로도 큰 도움을 줄 수 있다는 의미로 사용해요.

⑫ 둘이 싸우는 바람에 엉뚱한 사람이 이익을 가로채는 것을 의미해요.

⑬ 겉모습은 순하고 여려 보이지만 속마음은 단단하고 강한 사람을 말해요.

⑭ 하면 할수록 날마다 실력이 향상되고 발전하는 것을 의미해요.

⑮ 자기가 한 말과 행동에 자기 자신이 묶여서 곤란하게 되는 것을 의미해요.

⑯ 결과가 같음을 모르는 어리석음이나 잔꾀로 남을 속이는 것을 말해요.

⑰ 갑자기 큰 사고가 벌어져서 어리둥절한 상황과 몹시 놀란 심경을 표현해요.

⑱ 맞설 상대가 없을 정도로 실력이 뛰어나거나 우수한 실력으로 상대를 무섭게 몰아붙일 때를 표현해요.

읽기만 해도 **실력 쑥쑥**
재미 두 배 **코믹 만화**

알찬 사자성어

초판 1쇄 발행 2023년 2월 28일

글 해맑은
그림 토리아트(오지원)

펴낸이 문제천
펴낸곳 ㈜은하수미디어
기획·편집 김정화, 유다온
디자인 엉뚱한고양이
제작책임 이남수
주소 서울시 송파구 송이로32길 18, 405(문정동 4층)
대표전화 02-449-2701
팩스 02-404-8768
출판등록 제22-590호(2000. 7. 10.)
홈페이지 www.ieurhasoo.com

ISBN 978-89-6579-514-8
ISBN 978-89-6579-506-3(세트)

이 책은 저작권법에 따라 보호받는 저작물이므로 무단 전재와 무단 복제를 금지하며,
이 책의 내용을 일부 또는 전부를 재사용하려면 반드시 ㈜은하수미디어의 동의를 얻어야 합니다.

어린이제품안전특별법에 의한 제품 표시
제조자명 ㈜은하수미디어 | **제조국** 대한민국 | **제조년월** 2023년 2월 | **사용연령** 만 7세 이상 어린이 제품